Laia Birchler
Was brauchst du?

1. Auflage
© 2024 Kommode Verlag, Zürich
Alle Rechte vorbehalten

Texte: Laia Birchler
Illustrationen: Laia Birchler
Lektorat: Lynn Heydasch
Korrektorat: Corinne Hügli
Satz und Gestaltung: Anneka Beatty

ISBN 978-3-905574-33-3

Kommode Verlag GmbH, Zürich
www.kommode-verlag.ch

Laia Birchler
Was brauchst du?

Kommode
Verlag

INHALT

9   Vorwort

11   Vorwort der Autorin

13   Behandle jeden Menschen so, wie er gerne behandelt werden möchte. *Schwester*

14   Schau dich selbst an, wie du mich ansiehst. Und dann frage dich, warum du so schaust. *Mutter*

16   Zuhören und ernst nehmen. *Kinderpsychiaterin*

19   Die empfangende Person bestimmt den Inhalt der Botschaft. *Vater*

20   Ich wünsche mir jemanden, der richtig hinhört, jemanden der mich verstehen will und von dem ich mich gesehen fühle. *Therapeutin*

23   Lieber unvoreingenommen zuhören als gut gemeinte Ratschläge erteilen. *Mutter*

25   Sag nicht »Ich weiß, wie du dich fühlst«, wenn du nicht in derselben Lage bist. *Psychiaterin*

26   Verwende NIE beleidigende Ausdrücke wie »du Autist« oder »du bist so behindert«! *Schwester*

29   So sein dürfen, wie man ist und nicht verurteilt werden. *Therapeutin*

31   Emotionen ansprechen und gut abholen. *Kinderpsychiaterin*

32   Ungefragte Ratschläge sind Schläge. *Mutter*

34   Sag nicht: »Andere haben es viel schlimmer als du.« *Psychiaterin*

37   Du hast mir nur ein kleines Wort gesagt, und Worte kann man nicht radieren. Nun geht das Wort mit mir spazieren. *Kinderpsychiaterin*

38   Sag nicht: »Benutze deine Krankheit nicht als Ausrede.« *Neurodivergente Person*

41   Sicherheit und Orientierung geben. *Kinderpsychiaterin*

42   Manchmal muss man ein bisschen Geduld haben, das gehört auch dazu. *Schwester*

45   Unterstützen beim Strukturieren und Priorisieren. *Mutter*

46   Andere bei Gruppenarbeiten aktiv integrieren und nicht ignorieren. *Mutter*

49   Auf ein Problem ansprechen und Fragen stellen wie: »Ist es dir zu viel?« oder »Was brauchst du?« *Mutter*

50	Das Gras wächst nicht schneller, wenn man daran zieht. *Lehrer*
53	Sag nicht: »Mein Kind hat auch manchmal seine Ausraster, ist ja nicht so schlimm, ist nur eine Phase.« *Mutter*
54	Es ist voll o.k., wenn man nicht o.k. ist! Niemand sollte sich dafür schämen müssen. *Mutter*
56	Ich brauche kein Lob dafür, dass ich mich für mein eigenes Kind einsetze. *Mutter*
59	Einem Menschen mit einer Depression zu sagen, er solle sich doch bloß mal aufraffen, ist wie eine Ohrfeige. *Psychiater*
60	Kinder, die nichts dürfen, werden zu Erwachsenen, die nichts können. *Lehrer*
63	Ich brauche euer Mitleid nicht, es hilft mir nun wirklich nicht weiter. *Neurodivergente Person*
64	Es ist keine Schwäche, therapeutische Hilfe in Anspruch zu nehmen. *Therapeutin*
66	Gut machen, nicht (nur) gut meinen. *Kinderpsychiaterin*
69	Beziehungen eingehen und Einander-Kennenlernen schafft Normalität. *Schulleiterin*
70	Sag nicht: »Benimm dich« oder »Du benimmst dich wie ein Tier«. *Mutter*
73	Vieles hat eine Kehrseite. *Neurodivergente Person*
74	Wer sich nicht direkt angesprochen fühlt, wird nicht reagieren. *Neurodivergente Person*
76	Wer aus der Mimik einer anderen Person wenig Relevantes herauslesen kann, wird vermutlich keinen oder wenig Blickkontakt aufnehmen, denn wer tut schon etwas, was nichts nützt? *Neurodivergente Person*
78	Im Fall eines Overloads sollte man die betroffene Person sofort in Ruhe lassen. *Mutter*
81	Ich habe den Eindruck, mir fehlt der Speicher für soziale Situationen im Gehirn. Immer wieder ist alles neu. *Neurodivergente Person*
82	Spezialinteressen bieten Klarheit, Gesetzmäßigkeit, Begriffe und Definitionen, die man verstehen, nutzen und über die man sprechen kann. *Neurodivergente Person*
84	Niemandem gefällt es, komisch angeschaut zu werden. *Schwester*
87	Soziale Situationen kamen mir früher vor wie im Zeitraffer. Zeit zum Erkennen, was ablief, fehlte überwiegend. *Neurodivergente Person*

88 Autistischen Menschen erscheint die sogenannte natürliche Umgebung oft wie das Balancieren auf einem Hochseil. *Neurodivergente Person*

91 Gleich wahrnehmen können Menschen, die eine ähnliche Sozialisation durchlebt haben und ein ähnlich strukturiertes Gehirn haben, das ähnliche Verknüpfungen und Assoziationen macht. *Neurodivergente Person*

92 Fürchtet man sich vor einer Person, die sich in einer psychischen Ausnahmesituation befindet, sollte man ihr das mitteilen. *Psychiater*

95 Mit mehr Mut, die eigene Unsicherheit im Umgang mit »anderen« Menschen zu thematisieren und sich damit auseinanderzusetzen, kommen wir Menschen uns wieder näher – in jeder Form des »Andersseins«. *Klassenassistenz*

96 Ein Lächeln oder eine freundliche Geste können viel bewirken. *Mutter*

99 Verständnis und Toleranz sind wichtig. *Kinderpsychiaterin*

100 Vielfalt bringt Farbe. *Therapeutin*

103 Wir sind nicht Eines, sondern Vieles. *Therapeutin*

104 Alle Menschen gehören »dazu«. *Schulleiterin*

106 Ich nehme dich so an, wie du bist, ich sehe in dir einen liebenswürdigen Menschen! *Neurodivergente Person*

109 Kleine Schritte sind auch Schritte. *Psychiaterin*

110 Unterstützende Worte: »Wir machen uns gemeinsam auf den Weg.« *Psychiaterin*

112 Der Sonnenaufgang gibt mir Kraft und Gewissheit, dass das Leben weitergeht. *Neurodivergente Person*

115 Was ist schon normal? *Schwester*

117 Dank

119 Quellen

120 Portrait der Autorin

VORWORT

Aus einer sorgfältigen Recherche bei neurodivergenten Menschen, ihren Angehörigen und bei Fachpersonen hat die Autorin mit Sensibilität und Fantasie eine erfrischende Sammlung an Einblicken zusammengestellt, die es den Lesenden ermöglicht, darüber nachzudenken, wie wir wohlwollend und angstfrei mit all unseren Mitmenschen umgehen könnten.

Bereichernd sind daran nicht nur die verschiedenen Perspektiven derer, die zu Wort kommen, sondern auch die Authentizität der ausgewählten Äußerungen. Was diese Worte vermitteln, vermag die Autorin durch ihre ausdrucksvollen Illustrationen zu verdeutlichen. Wort und Bild bieten gemeinsam einen einfachen Zugang zu anderen Wahrnehmungsweisen und darüber hinaus einen Einblick in die uns allen gemeinsamen Bedürfnisse nach Mitgefühl, Respekt und mehr Offenheit füreinander. Dieses Buch könnte an Schulen oder anderen Institutionen tatsächlich etwas bewirken.

Dr. med. Maurizia Franscini
Chefärztin Klinik für Kinder- und Jugendpsychiatrie und Psychotherapie der Universität Zürich

VORWORT DER AUTORIN

Mit dieser Arbeit möchte ich einen Schritt hin zu einer Gesellschaft machen, die Menschen nicht wegen ihrer Behinderung und ihrer Neurodivergenz ausschließt. Ich will auf dieses wichtige Thema aufmerksam machen, damit das Tabu aufgehoben wird und so die Inklusion in der Gesellschaft erleichtert wird. Das Ziel dieses Buches ist, den Umgang für beide Seiten zu vereinfachen.

In meinem Projekt gab ich neurodivergenten Personen, ihren Angehörigen und auch Fachpersonen die Chance, ihren Mitmenschen durch einzelne Sätze mitzuteilen, was sie sich für einen besseren und angenehmeren Umgang wünschen. Dadurch soll die Distanz, die durch das Unwissen entsteht, minimiert werden. Die Darstellungen sind aus meiner eigenen Interpretation dieser Sätze entstanden. Teilweise musste ich die Sätze ein bisschen abändern oder verkürzen. Die Zitate sind individuelle Perspektiven, die dazu dienen sollen, sich mit dem Thema auseinanderzusetzen. Sie sprechen nicht für alle und erheben keinerlei Anspruch auf Allgemeingültigkeit.

Laia Birchler

Behandle jeden Menschen so, wie er gerne behandelt werden möchte.

Schwester

Schau dich selbst an,
wie du mich
ansiehst. Und
dann frage
dich,
warum du so
schaust.

Mutter

Zuhören und ernst nehmen.

Kinderpsychiaterin

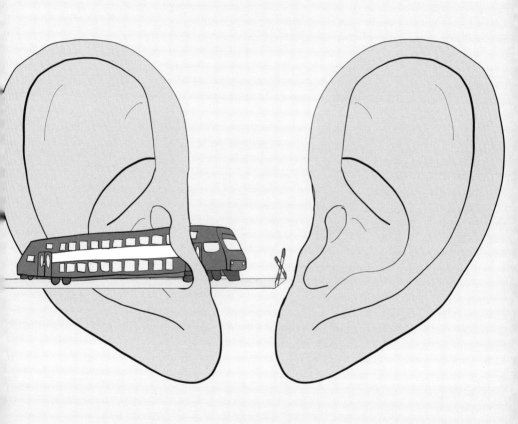

Die empfangende Person bestimmt den Inhalt der Botschaft.

Vater

Ich wünsche mir jemanden, der richtig hinhört, jemanden der mich verstehen will und von dem ich mich gesehen fühle.

Therapeutin

Lieber unvorein- genommen zuhören als gut gemeinte Ratschläge erteilen.

Mutter

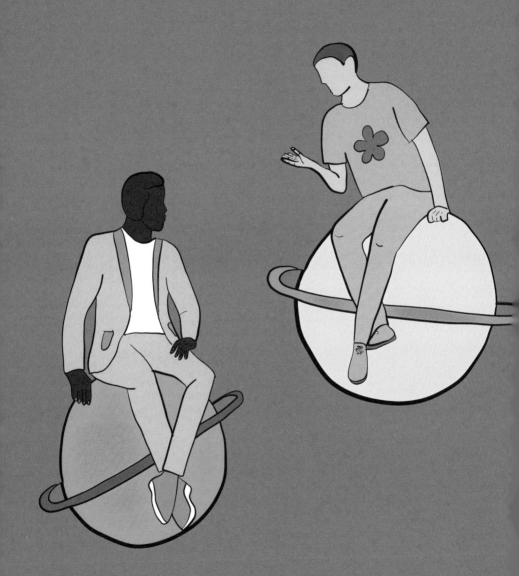

Sag nicht
»Ich weiß,
wie du dich
fühlst«,
wenn du nicht
in derselben
Lage bist.

Psychiaterin

Verwende NIE beleidigende Ausdrücke wie »du Autist« oder »du bist so behindert«!

Schwester

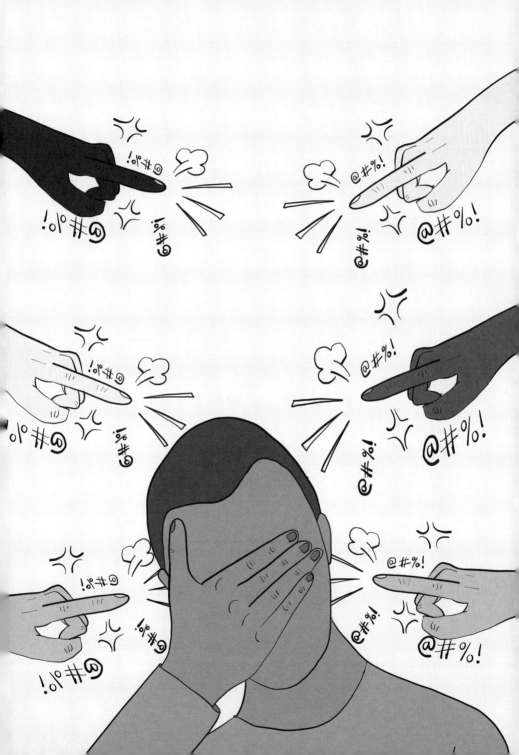

So sein dürfen, wie man ist und nicht verurteilt werden.

Therapeutin

Emotionen ansprechen und gut abholen.

Kinderpsychiaterin

Ungefragte Ratschläge sind Schläge.

Mutter

Sag nicht:
»Andere haben es viel schlimmer als du.«

Psychiaterin

Du hast mir
nur ein kleines
Wort gesagt,
und Worte
kann man
nicht radieren.
Nun geht
das Wort mit mir
spazieren.

Kinderpsychiaterin

Sag nicht:
»Benutze deine Krankheit nicht als Ausrede.«

Neurodivergente Person

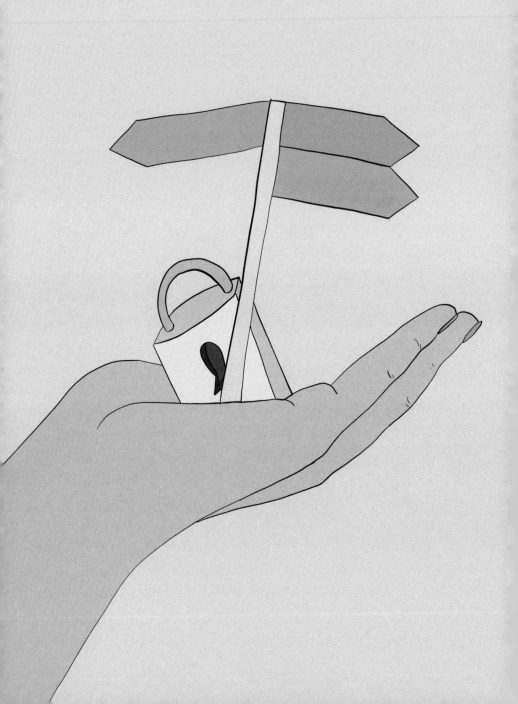

Sicherheit und Orientierung geben.

Kinderpsychiaterin

Manchmal muss man ein bisschen Geduld haben, das gehört auch dazu.

Schwester

Unterstützen beim Strukturieren und Priorisieren.

Mutter

Andere bei Gruppen- arbeiten aktiv integrieren und nicht ignorieren.

Mutter

Menu

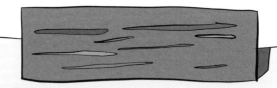

Auf ein Problem
ansprechen und
Fragen stellen
wie: »Ist es
dir zu viel?« oder
»Was brauchst
du?«

Mutter

Das Gras wächst nicht schneller, wenn man daran zieht.

Lehrer

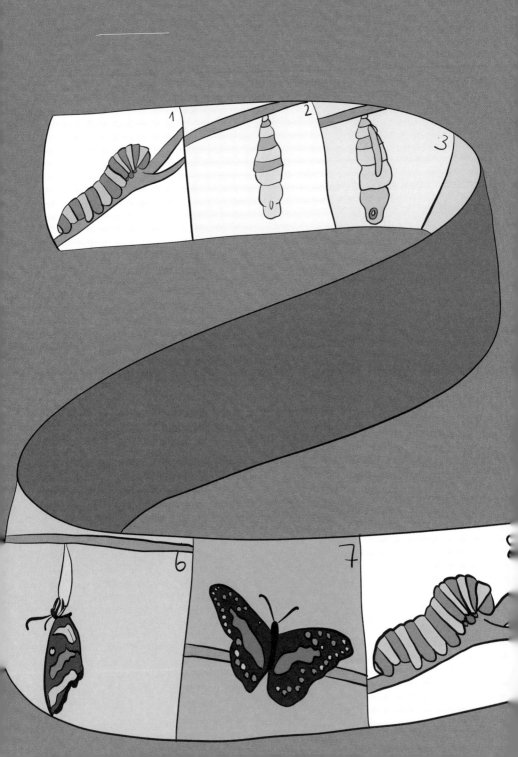

Sag nicht: »Mein Kind hat auch manchmal seine Ausraster, ist ja nicht so schlimm, ist nur eine Phase.«

Mutter

Es ist voll o.k., wenn man nicht o.k. ist! Niemand sollte sich dafür schämen müssen.

Mutter

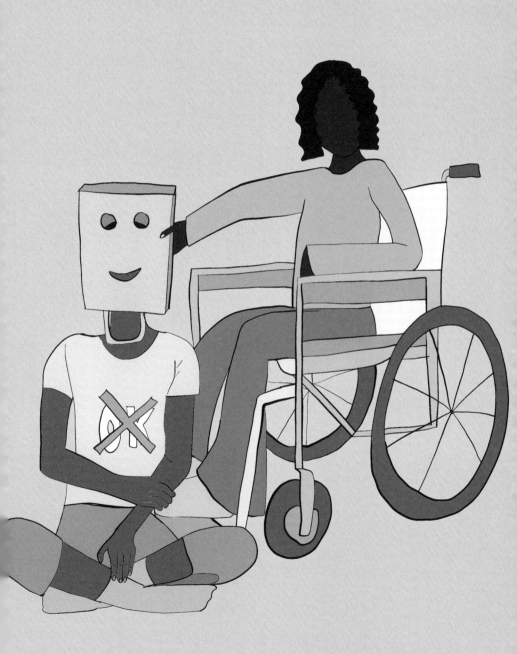

Ich brauche kein Lob dafür, dass ich mich für mein eigenes Kind einsetze.

Mutter

Einem Menschen
mit einer
Depression zu
sagen, er
solle sich
doch bloß mal
aufraffen, ist wie
eine Ohrfeige.

Psychiater

Kinder, die nichts dürfen, werden zu Erwachsenen, die nichts können.

Lehrer

Ich brauche euer Mitleid nicht, es hilft mir nun wirklich nicht weiter.

Neurodivergente Person

Es ist keine Schwäche, therapeutische Hilfe in Anspruch zu nehmen.

Therapeutin

Gut machen, nicht (nur) gut meinen.

Kinderpsychiaterin

Beziehungen eingehen und Einander-Kennenlernen schafft Normalität.

Schulleiterin

Sag nicht: »Benimm dich« oder »Du benimmst dich wie ein Tier«.

Mutter

Vieles hat eine Kehrseite.

Neurodivergente Person

Wer sich nicht direkt angesprochen fühlt, wird nicht reagieren.

Neurodivergente Person

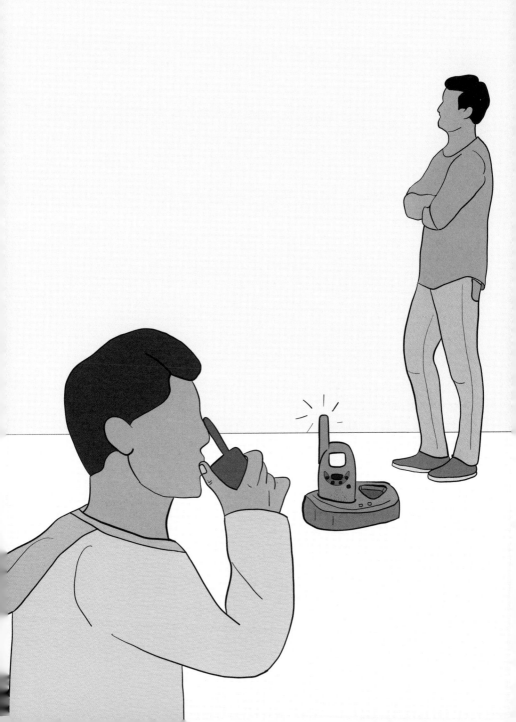

Wer aus der Mimik einer anderen Person wenig Relevantes herauslesen kann, wird vermutlich keinen oder wenig Blickkontakt aufnehmen, denn wer tut schon etwas, was nichts nützt?

Neurodivergente Person

Im Fall eines Overloads sollte man die betroffene Person sofort in Ruhe lassen.

Mutter

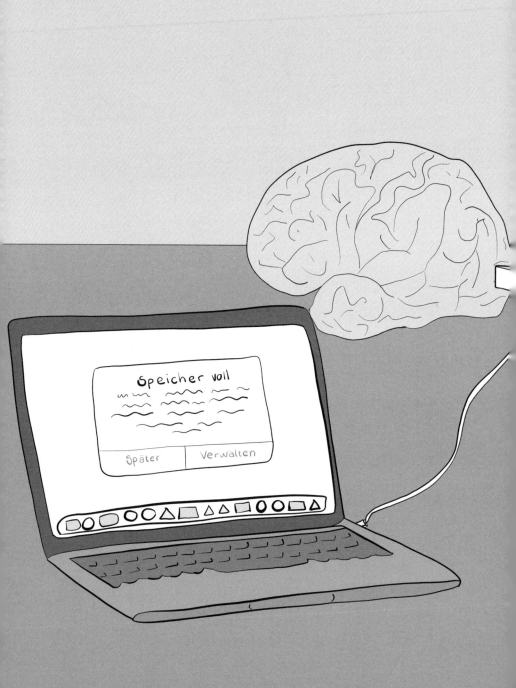

Ich habe den
Eindruck,
mir fehlt der
Speicher
für soziale
Situationen im
Gehirn. Immer
wieder ist alles
neu.

Neurodivergente Person

Spezialinteressen bieten Klarheit, Gesetzmäßigkeit, Begriffe und Definitionen, die man verstehen, nutzen und über die man sprechen kann.

Neurodivergente Person

Un·ter·was·ser·welt

/Unterwásserwelt/

Substantiv, feminin [die]

Bereich unter der Oberfläche eines Gewässers (besonders als Lebensraum)

- Schwämme
- Nesseltiere:
  → Quallen, Korallen, Seeanemonen
- Ringelwürmer:
  → Wattwurm, Bartwürmer
- Weichtiere:
  → Muscheln, Meeresschnecken Tintenfische
- Gliederfüßer:
  → Pfeilschwanz „krebse", Krebse
- Stachelhäuter:
  → Seesterne, Seeigel, Seegurken
- Wirbeltiere:
  → Fische, Seeschlangen, Ichthyosaurier, Meeressäuger

Niemandem gefällt es, komisch angeschaut zu werden.

Schwester

Soziale Situationen kamen mir früher vor wie im Zeitraffer. Zeit zum Erkennen, was ablief, fehlte überwiegend.

Neurodivergente Person

Autistischen
Menschen
erscheint die
sogenannte
natürliche
Umgebung
oft wie das
Balancieren auf
einem
Hochseil.

Neurodivergente Person

Gleich wahrnehmen
können Menschen,
die eine ähnliche
Sozialisation
durchlebt haben
und ein ähnlich
strukturiertes Gehirn
haben, das ähnliche
Verknüpfungen und
Assoziationen
macht.

Neurodivergente Person

Fürchtet man sich vor einer Person, die sich in einer psychischen Ausnahme-situation befindet, sollte man ihr das mitteilen.

Psychiater

Mit mehr Mut, die
eigene Unsicherheit
im Umgang mit
»anderen« Menschen
zu thematisieren
und sich damit
auseinanderzusetzen,
kommen wir
Menschen uns wieder
näher – in jeder Form
des »Andersseins«.

Klassenassistenz

Ein Lächeln oder eine freundliche Geste können viel bewirken.

Mutter

Verständnis und Toleranz sind wichtig.

Kinderpsychiaterin

Vielfalt bringt Farbe.

Therapeutin

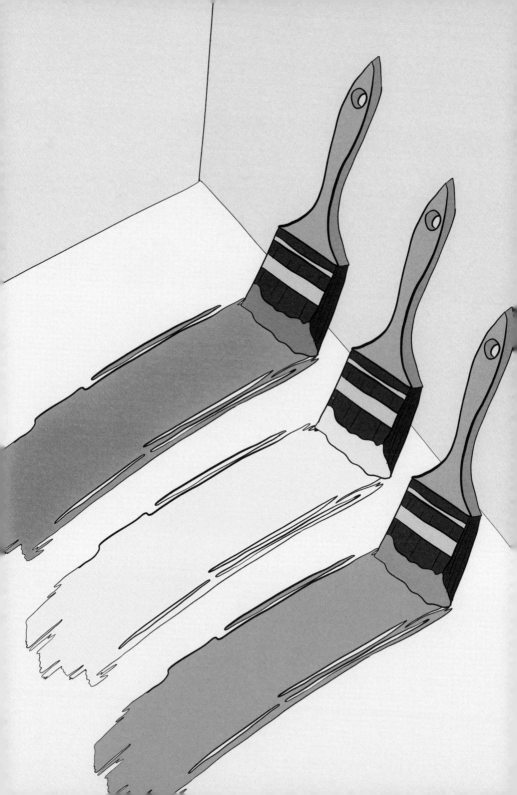

Wir sind nicht Eines, sondern Vieles.

Therapeutin

Alle Menschen gehören »dazu«.

Schulleiterin

Ich nehme dich so an, wie du bist, ich sehe in dir einen liebens- würdigen Menschen!

Neurodivergente Person

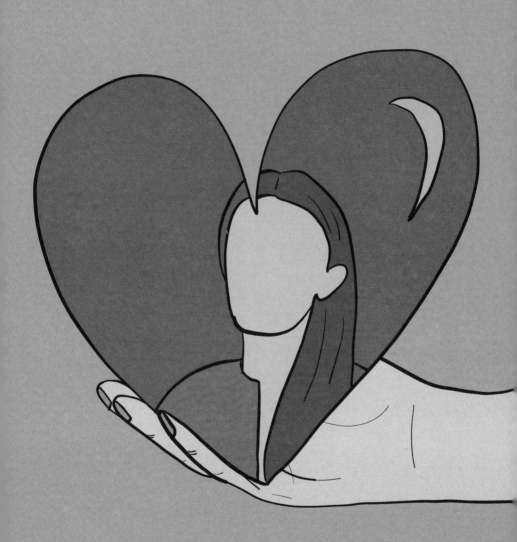

Kleine Schritte sind auch Schritte.

Psychiaterin

Unter-stützende Worte: »Wir machen uns gemeinsam auf den Weg.«

Psychiaterin

Der Sonnen-aufgang gibt mir Kraft und Gewissheit, dass das Leben weitergeht.

Neurodivergente Person

Was ist schon normal?

Schwester

DANK

Mein Dank gilt allen Beteiligten, die mir ihre Sätze und Anliegen zugesendet haben. Ohne euch hätte ich mein Buch nicht umsetzen können.

Auch möchte ich mich bei Maurizia Franscini und meiner Betreuungsperson Andrea Pfrunder bedanken.

Für ihren Support bedanke ich mich ganz herzlich bei meiner Familie und meinen Freund*innen.

Vielen Dank für all eure ermutigenden Worte und eure großartige Unterstützung!

Ein besonderer Dank gilt meinem Bruder, denn er hat mich dazu inspiriert, dieses Buch zu gestalten.

QUELLEN

83   Duden.de (2023): Unterwasserwelt.
     https://www.duden.de/node/190685/
     revision/1378294

83   Wikipedia-Autor*innen (2005): Meerestier.
     https://de.wikipedia.org/wiki/Meerestier

Laia Birchler, geboren 2004 in Zürich und aufgewachsen am Zürichsee. Sie wurde schon früh mit den Themen »normal« und »anders sein« konfrontiert. Im Sommer 2023 schloss sie ihre Matura mit Spanischprofil am Literargymnasium Ramibühl in Zürich ab. Ihre Abschlussarbeit mit dem Arbeitstitel *Was ist schon normal* (heute die Publikation *Was brauchst du?*) wurde zur besten Maturitätsarbeit des Kantons Zürich nominiert und mit dem Preis der ehemaligen LG Schüler (VEGL) ausgezeichnet.